AF562795

MÉMOIRE

POUR

SIX MILLE PÉTITIONNAIRES

QU'ON EMPÊCHE D'AVOIR UN JOURNAL

PARIS

EN VENTE CHEZ TOUS LES LIBRAIRES

1866

MÉMOIRE

POUR

SIX MILLE PÉTITIONNAIRES

QU'ON EMPÊCHE D'AVOIR UN JOURNAL

« Que les abus dans la société ou dans le gouvernement soient mis au jour : que LES ACTES DE L'ADMINISTRATION SOIENT DISCUTÉS QUE LES INJUSTICES SOIENT RÉVÉLÉES; que le mouvement des idées, des sentiments et des opinions contraires vienne éveiller partout la vie sociale, politique, commerciale et industrielle : qui pourrait raisonnablement s'en plaindre?

« N'oubliez pas que plus le pouvoir discrétionnaire de l'administration sur la presse est exceptionnel, plus l'exercice en doit être dirigé par une scrupuleuse loyauté. Rappelez-vous surtout que c'est dans l'intérêt de l'État et non pas de l'administration que ce pouvoir a été délégué à mon ministère. Que vos ACTES ne s'abritent donc pas derrière cette protection, mais qu'ils soient, au contraire, exposés, comme les miens, à la DISCUSSION PUBLIQUE. »

F. DE PERSIGNY.

Circulaire du 9 décembre 1860, aux Préfets.

I

On parle depuis quelque temps de décentraliser le gouvernement de la France, et cela s'appelle, je crois, le « Projet de Nancy. » Nous espérons prouver par le présent Mémoire qu'il importe de ne pas trop décentraliser l'action de la justice en l'exposant au contact des passions locales, et cela s'appellera peut-être le « Projet de Laon, » car il est sûr que notre bonne ville a vu se passer naguère une série de faits qui sont de nature à jeter une vive lumière sur ces questions : Faut-il décentraliser la France ? Dans quel sens convient-il de la décentraliser ?

Si le mot *décentralisation* signifie qu'il faut laisser une plus grande indépendance aux populations dans leurs affaires purement provinciales, toute la France dira *oui.*

Si le mot veut dire qu'il faut affaiblir l'autorité centrale et augmenter le pouvoir des préfets pour mieux localiser leur omnipotence, toute la France dira *non*... Mais venons d'abord aux circonstances qui nous ont amené à publier ce court Mémoire.

II

FAITS POSITIFS.

Depuis environ cinquante ans, il existait à Laon deux journaux, *le Journal de l'Aisne* et *l'Observateur*. Il y a deux ans, M. Edouard Fleury, propriétaire du *Journal de l'Aisne*, eut la pensée de vendre la propriété de ce journal. Il me fit part de ses intentions, et, au mois de février 1864, nous convînmes formellement, lui, de vendre, moi, d'acheter. Voici la lettre que M. Fleury m'adressait le 12 :

« . . . . J'espère vous voir jeudi au matin à Paris ; « soyez assez aimable pour en prévenir votre frère, afin que « nous puissions couler l'affaire à fond d'une façon ou de l'autre.

« Résumons-nous :
« Prix de vente : 100,000 francs.....
« 10,000 fr. de dédit, une fois la vente signée.
« Reprise de marchandises sur prix de facture, sans doute 7 à « 8,000 fr.
« Bail pour 15 ans de ma maison, au prix de 1800 fr., payables « par trimestre.
« Si vous voulez faire examiner ma comptabilité par un homme « spécial, je suis à votre disposition ; elle est superbe de clarté et « d'exactitude. Tout est à jour.
« Ainsi, réfléchissez, pesez, et dites-moi OUI ou NON quand « j'arriverai.

« A vous d'amitié et à bientôt.

« Ed. Fleury. »

Le 14 février, je répondais à M. Fleury que c'était une affaire réglée, s'il acceptait l'argent comptant et les garanties que je lui proposais.

Le 16, M. Fleury me répliquait :

« **J'ai posé mes conditions, et je me tiens pour lié par « elles.** »

Voilà qui est clair.

Le 18, M. Fleury vient me voir à Paris. « C'est entendu, lui dis-je, et de plus, je vous paye tout comptant. » Mais je remarque à l'instant que sa contenance est embarrassée ; il prend la parole avec hésitation, et me tient à peu près ce discours :

« M. le Préfet de l'Aisne, ayant appris que je voulais vendre, m'a fait part d'un projet de fusion qu'il a conçu entre *le Journal de l'Aisne* et *l'Observateur*. Cette fusion lui permettrait de reconnaître les services de M. de Coquet, son SECRÉTAIRE PARTICULIER, auquel il porte une affection quasi-paternelle. M. de Coquet serait mis à la tête des deux journaux. Si vous persistez à vouloir *le Journal de l'Aisne*, je serai bien obligé de vous le vendre; mais je crois devoir vous avertir que l'affaire, dans ses termes actuels, n'est plus aussi avantageuse pour vous. Vous n'aurez plus en effet à compter sur les annonces judiciaires et les travaux d'impression de la préfecture. »

Une pareille confession était faite pour me donner à réfléchir. Tous mes calculs étaient renversés, du moment que la propriété de M. Fleury ne pouvait plus passer dans mes mains, sans être à ce point dépréciée.

Le 22, j'allai voir M. le Préfet de l'Aisne, qui m'apprit que M. Fleury et M. de Coquet avaient entamé une négociation relative à la vente du journal. — « Comment, dis-je, est-il possible que M. Fleury négocie avec vous, alors qu'il est formellement engagé avec moi? car j'ai sa parole, sa parole verbale et sa parole écrite : Voici ses lettres, je vais vous les lire. » Et je les lus à M. le Préfet, en appuyant sur le post-scriptum qui suit :

« Je rouvre ma lettre pour vous dire qu'une personne de « Laon, parfaitement posée, et dont je vous dirai le nom à Paris « (il s'agissait de M. de Coquet), sort de chez moi, me deman- » dant à acheter mon affaire. La proposition est parfaitement « sérieuse et la personne apte à mener à bien le journal. J'ai dû, « non pas décliner les pourparlers, mais les remettre à mon » retour de Paris. J'ai donné connaissance de ma situation vis-à- « vis de vous, et de **l'impossibilité** où je me trouvais de donner « **même un espoir**, tant que je ne serais pas fixé d'une façon ou « de l'autre de votre côté..... »

— « Ce qu'il y a de certain, répondit M. le Préfet, c'est que M. Fleury n'a pas repoussé nos propositions. Au surplus, je crois que vous ferez bien d'abandonner vos droits sur le *Journal de l'Aisne*; » et là-dessus, M. Castaing (c'est le nom de M. le Préfet) me fit entendre que l'acquisition du journal n'était une bonne affaire qu'à la condition d'avoir les annonces judiciaires, les impressions de la préfecture et la bienveillance de l'administration ; annonces, impressions et bienveillance dont lui, le Préfet, était naturellement le détenteur.

Je répliquai : « Si les annonces judiciaires sont la principale difficulté, une solution bien simple serait de les partager entre les deux journaux, et j'avoue même que ce partage me paraît être ce qu'il y a de plus équitable en toute circonstance, et de plus conforme à l'esprit de la loi qui a voulu assurer la publicité de certains faits judiciaires, et rien de plus. » M. le Préfet laissa tomber cette proposition. Un partage n'était pas ce qu'il lui fallait ; il voulait que ses protégés eussent toutes les annonces.

En présence de ces dispositions, je n'insistai pas davantage. J'aurais pu intenter un procès, qui certes n'eût pas tourné à la plus grande gloire de mes adversaires ; mais un procès n'était après tout qu'un pis-aller.

Je me retirai en me disant à moi-même : Comment se peut-il qu'un engagement pris envers moi par M. Fleury soit ainsi rompu par M. le Préfet, quand M. Fleury lui-même ne pourrait pas le rompre ? Qui voudra me croire, lorsque je dirai qu'une propriété qui a été vendue par M. Fleury à M. Houssaye a été immédiatement revendue par M. Castaing, ou du moins par son influence, à M. de Coquet ?...

Ce sont là des faits cependant, des faits positifs. Mais ce n'est pas tout.

III

ÉPISODE DE M. STENGER.

Pour donner à sa conduite les couleurs de l'habileté, il fallait que M. le Préfet de l'Aisne eût l'air d'avoir imaginé une combinaison politique au profit du gouvernement, alors qu'il avait tout simplement imaginé une combinaison financière au profit de son secrétaire. Qu'inventa M. Castaing ? De supprimer le journal de l'opposition, rédigé par M. Stenger, en fusionnant les deux journaux, et de ressusciter dans le *Journal de l'Aisne* l'écrivain qu'on aurait tué dans *l'Observateur*. Par malheur, le moment était mal choisi : M. Stenger venait justement de faire placarder partout des affiches portant ces mots en gros caractères :

L'OBSERVATEUR

SEUL JOURNAL INDÉPENDANT

du département de l'Aisne.

N'importe ! On entreprit de persuader à M. Stenger qu'à tout prendre, il avait toujours été un impérialiste décidé ;

que s'il avait écrit jusqu'alors contre le régime impérial, c'était uniquement par intérêt pour l'Empire ; que son journal n'avait pas été le *seul indépendant,* puisqu'il n'avait pas été indépendant du tout, et qu'en passant de l'opposition au gouvernement, lui, M. Stenger, il ne changeait pas d'opinion.

M. Stenger se laissa convaincre, non toutefois sans quelque peine. « De prime-abord, se disait-il, cette conversion subite produira certainement un fâcheux effet. Ne va-t-on pas dire que j'adore ce que j'ai brûlé, et que je brûle ce que j'ai adoré? Que penseront mes lecteurs qui se sont abonnés à un journal de la gauche quand je leur servirai un journal de la droite?... Il est vrai qu'il me reste une ressource, qui est d'affirmer résolûment que je n'ai pas changé ; qu'il est conséquemment bien naturel de fusionner deux organes d'une seule et même opinion. M. le Préfet y voit un avantage ; j'y vois un profit, et mes abonnés n'y verront peut-être que du feu.

Là-dessus M. Stenger prépare un article qu'il publiera le 1er avril, jour consacré aux surprises. Après avoir annoncé la disparition de *l'Observateur* et la fusion des deux journaux, le rédacteur ajoute :

« Nous devons à nos lecteurs une courte explication sur ce fait, qui pourrait paraître, au premier coup d'œil, présenter une anomalie choquante.

« Notre politique, depuis un an, s'est appuyée sur l'ordre et la liberté. Ouvertement, nous avons vécu dans la sphère des idées napoléoniennes, parce que les destinées de la liberté y sont, suivant nous, essentiellement attachées.

« En effet, l'empire libéral sera la force de la France : lui seul résume les aspirations multiples d'un peuple généreux qui sait faire de ses passions un noble usage ; lui seul vit de son principe, sans liens avec un passé qui fut stérile et n'a laissé que de douloureux souvenirs; lui seul, en un mot, a pris racine dans le peuple pour s'élever jusqu'au trône.

« Depuis l'établissement de l'empire, un fait éclatant s'est révélé :

« Dans la discussion de l'adresse au Corps législatif, toutes les opinions ont été soutenues avec éloquence, et chaque année nous avons fait un pas dans la voie de la conciliation et du progrès...

« L'union, la conciliation, c'est tout à la fois le progrès, une preuve de force et de raison, la porte fermée aux violences, l'ancre de salut à laquelle se pressent et s'attachent tous les hommes dont nous honorons les principes, le talent et le caractère. Il faut le reconnaître : le progrès a lieu, non par le libre essor de toutes les témérités des esprits novateurs, mais bien par l'usage réfléchi des vérités politiques. Voilà pourquoi la conciliation, en détruisant les principes absolus, toujours dangereux, devient une œuvre féconde.

« Cet exposé succinct était nécessaire pour faire comprendre aux hommes d'avenir, aux hommes de conscience et de pensée, que nous n'abandonnons pas lâchement les doctrines que nous avons professées et défendues jusqu'à présent avec persévérance et courage; mais *au contraire* que nous marchons hardiment dans la seule voie qui puisse nous conduire à cette liberté sage que nous appelons de tous nos vœux, parce qu'elle suffit à notre bonheur... etc., etc., etc., etc.

« A ceux qui pourraient être tentés de blâmer notre conduite, nous dirons : « Vous ne nous verrez pas trébucher dans la carrière d'honneur, de moralité et de justice qui fut et sera toujours le mobile de nos actions; nous resterons ferme et inébranlable dans nos convictions politiques ; mais nous repoussons les aspirations imprudentes qui n'admettent pas les idées de conciliation. »

Pour peu qu'on ait de logique dans l'esprit, comme l'observait le journal *le Temps*, on trouvera que M. Stenger est ici trop ou trop peu sévère pour lui-même ; car s'il est vrai qu'il ait si ouvertement vécu dans la sphère des idées napoléoniennes, il n'y a pas la moindre anomalie dans son fait, et s'il a été jusqu'à présent l'adversaire de ces idées, il faut bien reconnaître que l'anomalie est choquante au second coup d'œil autant qu'au premier, et même que plus on y regarde, plus elle est choquante...

IV

PÉTITION DE SIX MILLE HABITANTS DE L'AISNE AU MINISTRE DE L'INTÉRIEUR.

Pendant que M. Castaing se félicitait sans doute auprès du Ministre d'avoir supprimé un journal hostile et s'abstenait de dire le vrai mot, le mot intime de sa combinaison, la ville de Laon était en rumeur et se montrait fort choquée des anomalies qui, au premier coup d'œil, avaient paru choquantes à M. Stenger lui-même. Un grand nombre de notables habitants de l'arrondissement m'engagèrent à demander au Ministre l'autorisation de fonder un nouveau journal.

Cette demande, rédigée par moi et adressée le 19 mai 1864 au Ministre de l'intérieur (alors M. Boudet), était ainsi conçue :

« Monsieur le Ministre,

« La ville de Laon, qui avait deux journaux, n'en a plus « qu'un, *l'Observateur* ayant fusionné avec le *Journal de* « *l'Aisne.* Dans ces circonstances, je viens solliciter de « votre bienveillance la permission de fonder un nouveau « journal dans cette ville, où j'ai de nombreuses relations « et d'où je suis originaire.

« Si je vous adresse cette demande, Monsieur le Ministre, « ce n'est pas dans l'intention de prendre la place et d'imi- « ter les allures du journal qui vient de disparaître. L'ar- « rondissement de Laon est trop important pour que deux « journaux n'y puissent pas exister en même temps. Je « sais par beaucoup de notables habitants qu'ils verraient « avec plaisir un nouveau journal établir une loyale con- « currence au *Journal de l'Aisne*, et leur donner ainsi plus « de liberté dans leurs relations avec la presse dont l'unique « organe peut aujourd'hui, en fait de publicité, leur faire « la loi. Il vous sera facile, Monsieur le Ministre, de véri- « fier ces assertions, non pas sans doute en vous adressant « aux personnes mêmes qui ont présidé à la fusion, mais en « écoutant celles qui remplissent ici de hautes fonctions « et qui appartiennent au département de l'Aisne.... »

Malgré l'évidente sympathie du Ministre, il fut d'abord répondu à cette demande par un refus non motivé.

Aussitôt, pour prouver à M. le Ministre de l'intérieur que je ne m'étais point attribué des pouvoirs sans mandat sérieux, que je n'avais rien avancé qui ne fût l'expression exacte de la vérité, je rédigeai une pétition qui, en peu de temps, fut couverte de six mille signatures.

Voici cette pétition :

« Monsieur le Ministre,

« Il existait à Laon, depuis plus de cinquante ans, deux « journaux, le *Journal de l'Aisne* et *l'Observateur*, qui tout

« récemment ont fusionné, bien qu'ils eussent suivi jus-
« qu'à ce jour des lignes absolument différentes. Ces deux
« journaux répondaient à une population de 170,000 âmes,
« et c'était peu comparativement à l'arrondissement de
« Soissons, par exemple, qui a deux journaux pour
« 71,000 âmes, et à l'arrondissement de Saint-Quentin,
« qui en a trois pour 140,000.

« La fusion n'a pas été aussi bien accueillie qu'on l'espé-
« rait. Non-seulement le sentiment public a été blessé d'un
« revirement subit d'opinion qui ne paraissait avoir d'autre
« mobile que l'intérêt, mais il n'est plus resté aucun or-
« gane à ceux qui, tout en demeurant fidèles au principe
« du gouvernement, ne croient pas le desservir par une
« honnête indépendance.

« Un grand nombre d'entre nous, ayant quitté le *Journal*
« *de l'Aisne*, depuis qu'il est rédigé par son ancien adver-
« saire, se trouvent n'avoir plus aucune feuille locale qu'ils
« puissent lire avec sympathie, et à laquelle ils puissent
« communiquer leurs pensées, adresser leurs réclamations
« ou porter l'expression de leurs vœux.

« En dehors même de toute préoccupation politique, la
« concurrence pour les journaux est un bienfait pour le
« public. Là où cette concurrence n'existe point, la presse,
« devenant un monopole, peut devenir une oppression. Un
« journal unique fait aisément la loi à ses souscripteurs;
« il n'a pas à tenir compte de leurs désirs; il met à sa
« publicité le prix qu'il veut y mettre ; il se compose comme
« il lui plaît de se composer. Pour vous en donner un
« exemple, le *Journal de l'Aisne* donne actuellement fort
« peu de place aux faits économiques, agricoles ou indus-

« triels et aux choses locales qui intéressent l'immense « majorité d'une population comme la nôtre. Faute d'un « second journal, nous ne pouvons ni obtenir qu'on nous « donne satisfaction sur ce point, ni même en concevoir « l'espérance.

« Nous venons donc, Monsieur le Ministre, demander « respectueusement à Votre Excellence l'autorisation de « fonder un nouveau journal, non pour remplacer *l'Observateur* ou pour créer un organe d'opposition, mais « simplement afin d'échapper aux inconvénients que pré- « sente l'existence d'un journal unique, et aussi afin d'at- « teindre, par un prix d'abonnement moins élevé que celui « du *Journal de l'Aisne*, une classe de lecteurs restée jus- « qu'ici étrangère au bienfait de la publicité.

« Les noms qui sont apposés au bas de la présente péti- « tion vous répondront suffisamment de l'esprit d'ordre, « de patriotisme et de progrès pacifique dans lequel elle a « été conçue. »

Oui, six mille signatures figuraient au bas de cette pétition. Je la fis tenir à M. le Ministre de l'intérieur avec la lettre suivante :

« Monsieur le Ministre,

« Par la demande que j'ai eu l'honneur de vous adresser le 19 mai dernier, j'ai sollicité de Votre Excellence la permission de fonder à Laon un journal qui paraîtrait trois fois la semaine, sous ce titre : *le Courrier de l'Aisne*, et qui, bien que politique, serait principalement agricole et industriel.

« A l'appui de cette demande, je puis maintenant mettre sous vos yeux une pétition revêtue de six mille signatures, et qui en porterait trente mille si j'avais eu le temps de parcourir toutes les communes de l'arrondissement. Ces signatures sont celles des habitants les plus notables, des grands propriétaires et cultivateurs, des négociants les plus estimés et les plus importants. Elles ont été recueillies, ou plutôt spontanément données dans plus de cent communes. Votre Excellence y verra figurer cent cinquante noms de maires et d'adjoints, des ecclésiastiques, des notaires, des suppléants de juges de paix, des conseillers municipaux et des conseillers d'arrondissement.

« J'ose espérer, Monsieur le Ministre, que vous ne serez pas insensible au vœu exprimé par un nombre aussi respectable de personnes qui toutes sont intéressées après tout à la paix publique et ne veulent assurément pas le désordre. Sans revenir sur les considérations que j'ai eu l'honneur de vous exposer dans ma lettre du 19 mai, permettez-moi de me féliciter que tant de suffrages honorables leur aient donné une aussi éclatante confirmation..... »

Peu après, j'obtins de M. le Ministre de l'intérieur une audience. Je lui présentai, en même temps que la pétition, un résumé succinct, mais fidèle, des faits que je viens d'exposer.

M. le Ministre me répondit :

Qu'il comprenait que les habitants de l'arrondissement

de Laon souhaitassent un second organe de leurs intérêts ;

Qu'il ne doutait pas de mes excellentes intentions ;

Que, pour sa part, il ne s'opposerait en aucune façon à ce que je fondasse un journal politique à Laon ;

Mais que le préfet devait être consulté.

M. le Ministre, qui voulait amener le préfet de l'Aisne à m'accorder lui-même et de bonne grâce l'autorisation que je sollicitais, me donna à la fin de l'audience l'espoir, plus que l'espoir, que ma demande serait bien accueillie.

A quelques jours de là, dans une nouvelle audience, M. Boudet me dit que le rapport du Préfet lui ayant paru insuffisant, il lui en avait demandé un second.

V

REJET DE LA PÉTITION.

Enfin, après trois longues semaines d'attente, j'appris, non sans une vive surprise, que M. le Préfet de l'Aisne s'opposait formellement à ce qu'on m'accordât l'autorisation, qui, en effet, me fut refusée.

L'arrondissement de Laon apprit, avec non moins de surprise, l'échec subi par moi, ou plutôt subi par lui-même, car je n'avais agi, en réalité, que comme mandataire de l'arrondissement.

Parmi les raisons alléguées, et dont aucune n'est vraiment sérieuse, il en est une qui me toucha un instant, parce qu'elle témoignait d'une touchante sollicitude à mon égard. M. le Préfet exprimait la crainte qu'un journal nouveau ne mourût d'inanition, et je ne pouvais que lui savoir gré de ce tendre intérêt; mais ne devais-je tenir aucun compte des réclamations si vives des six mille pétitionnaires qui m'avaient confié le soin de les représenter?

Je me décidai à fonder un journal non politique (puisque l'autorisation de le faire politique m'avait été refusée), bi-hebdomadaire seulement, mais surtout consacré aux questions agricoles, industrielles et commerciales. J'espérais ainsi satisfaire, en partie, aux exigences de l'arrondissement, en attendant l'autorisation que j'étais en droit d'attendre d'après les dernières paroles de M. le Ministre.

Le 16 février 1865, parut le premier numéro de ce journal : *le Courrier de l'Aisne*. Il comptait, avant de paraître, 614 abonnés; il en compte aujourd'hui plus de quinze cents!

Après le grave préjudice que m'avait causé l'immixtion de M. le Préfet dans mes affaires, après avoir été supplanté, par son fait, dans la prise de possession d'un journal dont la propriété m'avait été vendue et m'appartenait en vertu de *conventions d'honneur*, j'avais lieu d'espérer que M. le Préfet me tiendrait quitte au moins des tracasseries administratives, et qu'il n'augmenterait pas la somme des difficultés qui m'avaient été créées.

Je me trompais.

A peine *le Courrier de l'Aisne* avait-il vu le jour, qu'il était menacé de mort. Sans la bienveillante indulgence de deux ministres, qui heureusement me connaissaient, mon journal succombait le lendemain de son apparition.

Qu'y avait-il donc de si répréhensible dans ce premier numéro du *Courrier de l'Aisne?*

Il se composait de beaucoup de faits divers, d'un résumé historique *très-adouci* des circonstances au milieu desquelles était né le journal, enfin d'un article de M. Paul Dalloz (extrait du *Moniteur!*), article qui avait trait à l'économie domestique beaucoup plus qu'à l'économie sociale, mais qui était regardé comme un empiètement sur le terrain de la politique.

Ce qui poussait M. Castaing à ces actes de rigueur, au *summum jus*, c'était moins l'intérêt de la loi, que j'ai à cœur de ne jamais violer, ou l'intérêt du gouvernement, qui n'était pas en cause, qu'un excès de sollicitude pour ses protégés.

Bref, le vœu si respectueusement exprimé par six mille pétitionnaires qui en représentaient bien trente mille fut repoussé. Dans quel but? Pour interdire toute concurrence sérieuse à la fusion, et rehausser d'autant le prix du journal où M. de Coquet avait été installé en mon lieu et place.

VI

CONSÉQUENCES DE LA PÉTITION REFUSÉE.

« Eh! que nous importe après tout l'intérêt privé de M. Houssaye? Que nous font ses plaintes, légitimes ou non, et ses démêlés avec M. Fleury? C'est affaire aux tribunaux d'en connaître et d'en juger... » Ainsi parlera peut-être un de ces amis du pouvoir que M. Chaix-d'Est-Ange appelait des amis du premier degré, et je l'entends qui continue en disant : « L'essentiel, c'est que les préfets réussissent ; en d'autres termes, qu'ils nous ménagent de bonnes élections, car l'Évangile l'a dit : C'est « au fruit électoral que tu reconnaîtras l'arbre préfectoral. » — Eh bien ! soit! que l'on jette au panier nos réclamations, s'il est démontré que M. Castaing, injuste à notre égard, a été du moins habile au profit du gouvernement. Or, qu'est-il arrivé? Que les élections municipales de Laon ont été une protestation contre la conduite de M. le Préfet, à telles enseignes que les candidats qu'il recommandait ont échoué, tandis que ceux dont il ne voulait pas ont été élus. Ainsi, dans la liste patronnée par l'ex-secrétaire de la préfecture, sept candidats nouveaux étaient proposés, dont deux étaient portés par tout le monde. — Ceux-là ont réussi. — Les cinq autres ont manqué leur élection, quoiqu'ils fussent les amis intimes ou les subordonnés du préfet, ou peut-être parce que. Je pourrais les nommer : mais à quoi bon? Chacun les connait à Laon, et M. Castaing les connait mieux que personne.

Par contre, le rédacteur du *Courrier de l'Aisne*, signataire du présent Mémoire, qui ne s'était présenté que la veille de l'élection, a été nommé avant même d'anciens et honorables membres du conseil.

Quel est le sens de ce vote? Il est assez clairement précisé, Dieu merci, par la circulaire suivante que j'adressai vingt-quatre heures avant l'élection aux électeurs de la ville et des faubourgs de Laon :

« Messieurs et chers Concitoyens,

« La bienveillance avec laquelle vous m'avez accueilli, lorsque, il y a cinq mois, je suis revenu parmi vous; l'appui énergique que vous m'avez prêté dans les circonstances difficiles où je me trouvai alors et dont chacun de vous se souvient sans doute, m'enhardissent à solliciter vos suffrages dans le débat électoral de demain.

« J'avoue que je n'ai pas pensé à solliciter ces suffrages *de mon propre mouvement*. C'est ce qui explique pourquoi je ne me présente à vous *qu'à la dernière heure*...

« Vous avez voulu un second journal; je suis accouru et j'ai fondé *le Courrier de l'Aisne*. Ce journal, toutefois, est autant votre œuvre que la mienne, puisque, sans vous, sans votre pétition, couverte ici de 1,000 signatures et de 5,000 dans l'arrondissement, je n'eusse point osé l'entreprendre.

« Mais ce journal est incomplet. Une foule de questions ne peuvent y être traitées, puisqu'il n'a pas encore obtenu l'autorisation d'être politique. Le *Courrier de l'Aisne*, en un mot, fait pour vous le plus qu'il peut, mais il ne peut, malheureusement, faire pour vous tout ce qu'il veut.

« En me nommant parmi vos conseillers municipaux, vous continuerez votre œuvre ; *vous affirmerez de nouveau votre volonté* d'avoir, à Laon, un second organe de vos intérêts agricoles, industriels et commerciaux.

« Qui n'entend qu'une cloche n'entend qu'un son, » dit le proverbe. Le proverbe a raison. — Il faut avoir deux cloches.

Laon, le 21 juillet 1865.

ÉDOUARD HOUSSAYE,
Licencié en droit,
Directeur du COURRIER DE L'AISNE. »

C'est en me portant au conseil municipal, par un vote improvisé, que les électeurs de Laon et des faubourgs ont apprécié la conduite de M. Castaing à mon égard et affirmé de nouveau leur désir d'avoir un second organe de leurs intérêts. Mais ce n'était là pour l'administration qu'un prélude à de plus graves échecs.

Les habitants de Laon ne sont-ils pas toujours les descendants de ces fiers et terribles *bourgeois* qui, au XIIe siècle, conquirent à main armée leur charte de franchise et se bâtirent, en manière de forteresse, la superbe cathédrale que tout le monde sait? En tout cas, on ne peut nier qu'il n'y aît encore dans notre ville, qui fut des premières à se constituer en commune, un reste de la vieille indépendance qui a illustré nos ancêtres. Le département de l'Aisne fait volontiers tout ce qu'on ne lui impose point; faciles à conduire par les égards et la douceur, ses habitants deviennent intraitables dès qu'on prétend les violenter.

Ils l'avaient déjà prouvé à M. Castaing, en 1863, lorsque voulant leur imposer M. Georges, il ne réussit qu'à faire nommer M. Malézieux. Ils l'ont prouvé de plus belle, en 1865, en nommant M. de Tillancourt, parce qu'on voulait leur imposer M. Marsaux.

Et certes, on ne dira pas que c'est la presse locale qui a influé sur cette dernière élection, puisque *l'Observateur* (le seul indépendant), qui existait encore en 1863, n'existait plus en 1865, de sorte qu'en détruisant le journal de l'opposition, M. Castaing, loin d'affaiblir l'opposition elle-même, n'a fait que la raviver. Ni la fusion qu'il croyait si bien combinée, ni l'injustice commise à mon égard, ni le fait d'avoir rallié un adversaire (peu récalcitrant, il est vrai), rien de tout cela n'a profité au gouvernement, qui, au lieu de gagner du terrain dans les élections de l'Aisne, en a perdu sur toute la ligne.

« Et maintenant instruisez-vous, dit Bossuet.... »

VII

PETITE VENGEANCE DE M. LE PRÉFET.

Si ce n'est toi, c'est donc ton fils,
Ou bien quelqu'un des tiens.

Il était bien naturel que, M. Castaing ayant commis une injustice à mon égard, j'en fusse puni, moi ou quelqu'un des miens, et que M. le Préfet se vengeât d'avoir eu tort. C'est sur mon père qu'est tombée sa petite vengeance.

Mon père, âgé de 73 ans, mais, grâce à Dieu, alerte encore et dispos, était depuis treize ans maire de Bruyères, où mon grand-père avait exercé les mêmes fonctions pendant plus de vingt ans. Ses administrés avaient-ils à se plaindre de lui ? On en va juger par les lignes suivantes, imprimées le 22 juillet 1863, dans le *Journal de l'Aisne*, qui était alors, comme aujourd'hui, le journal de la Préfecture.

« Hier toute la commune de Bruyères était en fête, fête de famille et *fête municipale*. On célébrait la cinquantaine du mariage de M. et Mme Houssaye. Enfant du pays qu'il n'a jamais quitté, maire de la petite ville qu'il administre depuis si longtemps, entouré de la juste considération qui s'attache toujours à une vie laborieuse, loyale et bien remplie, M. Houssaye compte autant d'amis que d'administrés autour de lui, et tous ses concitoyens avaient voulu par leur présence, par leur empressement, par leurs manifestations toutes *spontanées*, lui montrer la part qu'ils prenaient à la joie de sa famille, de ses alliés et de ses vieux amis.....

« Autour des vénérables époux dont la santé, l'activité et la bonne mine feraient envie à bien des ménages plus jeunes, se pressaient, dans le chœur, les enfants de M. Houssaye.....

« Le soir, un banquet servi sur la pelouse du jardin réunissait de nombreux invités de la noce cinquantenaire, et la fête se terminait par un feu d'artifice tiré dans la grande allée du Jeu-de-Paume, que la commune entière avait envahi.

« C'est un *long* et *bon* sujet de souvenir pour tout le pays. »

Ce *long et bon sujet de souvenir*, consacré d'ailleurs aux dernières élections municipales par une belle majorité, n'a pas empêché M. Castaing de remplacer mon père de la façon la moins convenable, ou pour mieux dire la plus dure. Vous croyez peut-être qu'on a fait savoir à mon père, par une lettre plus ou moins polie, qu'il n'avait plus à remplir ses fonctions. Il n'en est rien. Sans égard pour une vieillesse honorable et pour de longs services, on a permis que mon père ne connût la nomination de son successeur que par le *tambour de la commune.* Ce que d'autres eussent pris la peine d'écrire, on a trouvé spirituel et de bon goût de le laisser tambouriner.

Il est juste d'ajouter que les délicatesses du style, aussi bien que les exigences de la grammaire, sont peu connues de quelques-uns des rédacteurs attitrés de l'organe préfectoral. Voici comment le *Journal de l'Aisne*, rédigé maintenant par MM. de Coquet et Stenger, rend compte de la nomination du nouveau maire, le 7 septembre 1865 :

« La petite ville de Bruyères est en fête depuis deux jours à l'occasion de la nomination de M. Lefebvre-Viéville, comme nouveau maire.

« Aussitôt que cette nomination a été connue, *toute* la population s'est rendue *spontanément* chez M. Lefebvre-Viéville pour le féliciter et lui prouver que le choix de M. le préfet avait la sympathie de *toute* la commune. »

On se demande comment M. Lefebvre-Viéville a pu avoir la sympathie de *toute* la commune, puisqu'il n'est que le huitième sur la liste des élus... Mais passons au morceau descriptif et officiellement littéraire :

« Ce *furent* d'abord les jeunes filles qui *vinrent* lui offrir des fleurs et lui adresser un compliment, au milieu du bruit d'une vive fusillade.

« Dans la nuit, les jeunes gens dressèrent, en signe de réjouissance, des mâts ornés de drapeaux.

« Après l'installation du maire par le Conseil municipal, la compagnie des pompiers, déjà réorganisée, se rendit, musique en tête, à l'hôtel de ville, et escorta jusque chez lui le maire accompagné du Conseil municipal.

« Les musiciens *donnèrent* dans *les jardins* de M. Lefebvre-Viéville un brillant concert qui *s'est prolongé* très-avant dans la soirée.

« Ensuite, la compagnie de pompiers avec sa musique, etc., etc.

Je m'arrête ici, un moment, non pour relever quelques prétérits malencontreux, mais pour admirer la fraîcheur et le brillant effet du tableau que forment ce maire fusillé de compliments par les jeunes filles, ce mélange imprévu de bouquets et de poudre à canon, de fleurs et de pompiers, et ces mâts que les jeunes gens *dressèrent*, et cette compagnie (ils étaient onze) qui escorta le nouveau maire jusque chez lui.....

Je remarque aussi comment l'écrivain, entraîné par l'improvisation, qui lui fait confondre les prétérits, souffle dans son ampoule et voit tout à coup se dérouler dans son imagination échauffée les jardins de M. Lefebvre-Viéville. Que de grandeur dans ce mot vague *les jardins!* et quelle différence entre M. Lefebvre et mon père qui n'a, lui, qu'un jardin, comme le commun des mortels et des habitants de Bruyères !

Voilà de quelle façon la magie du style peut couvrir la

rudesse des actes, et comment un maire qui était « entouré de considération » et qui comptait *autant d'amis que d'administrés*, peut être subitement dépossédé de l'affection universelle, et à tout jamais éclipsé par un nouveau venu, qui n'a pas, il est vrai, beaucoup de voix, ni beaucoup de pompiers, mais qui a pour lui « la vive fusillade » de toute la commune, et *des jardins !*

VIII

RÉFLEXIONS.

Sans savoir ce qui se passe sur toute la surface du territoire français, nous sommes porté à croire qu'il s'y produit bien des anomalies semblables à celles que nous avons signalées, et non moins *choquantes*. Dans un pays où la commune n'a qu'un semblant d'initiative et se trouve toujours sous le coup du *veto* préfectoral; dans un pays où la commune propose et où le préfet dispose, il est presque inévitable que les préfets soient amenés par l'excès de leur pouvoir à en faire abus. Comment ne seraient-ils pas tentés par les douceurs de l'arbitraire, lorsque la résistance peut être si facilement brisée, ou plutôt lorsqu'elle est nulle? Les hommes capables de se modérer eux-mêmes sont des exceptions, des philosophes introuvables, des Socrate; et ce serait merveille si tous les départements n'avaient pas à réclamer contre des actes pareils à ceux de M. Castaing.

Je ne dis pas que tous les préfets soient aussi mal avisés, mais il est à peu près certain que les préfets doivent partout abuser plus ou moins, parce que leur impunité veut qu'ils abusent.

« Dans un pays où la liberté n'existe point, dit M. Emile de Girardin, soit qu'elle n'y existe pas encore, soit qu'elle n'y existe plus, il faut compter que plus le pouvoir sera grand au centre et plus l'arbitraire fera à la circonférence de ravages, dont toute la responsabilité reviendra plus tard de la périphérie au centre...

« Si cet arbitraire n'est ni réprimé, ni prévenu, qu'arrivera-t-il logiquement sous le régime du suffrage universel ? Il arrivera naturellement que toutes les plaintes, que toutes les réclamations plus ou moins justement fondées, se traduiront en bulletins hostiles déposés au fond de l'urne électorale. »

Si l'on croit devoir décentraliser, que ce ne soit donc pas pour affaiblir le pouvoir politique, en qui réside l'unité de la France; que ce ne soit pas pour désarmer cette autorité supérieure, toujours préférable à l'autorité locale, parce qu'elle échappe aux petites influences, et qu'étant à la fois plus désintéressée et plus éclairée, elle est aussi plus équitable.

Que ce soit pour organiser en province une force municipale qui puisse contre-balancer l'action des préfets. Mais à quoi servirait de créer cette force, si l'on ne formait des citoyens capables de l'exercer? et comment les former si on ne décentralise pas, avant tout, l'instruction, les sciences, les lettres et les arts; si, au lieu de concentrer à Paris les bienfaits de la civilisation, on ne les étend pas sur tout le sol, non-seulement en ce qui touche le confortable de la vie matérielle, mais encore et surtout dans ce qui constitue la dignité des sentiments et le confort de l'esprit.

Ce sont les universités, les facultés, les écoles, la presse, qu'il faut multiplier en France et décentraliser, car l'intelligence des administrés est déjà une défense contre l'injustice des administrateurs.

Encore une fois, si le mot *décentralisation* devait signifier un agrandissement de l'autorité préfectorale, que Dieu nous préserve du mot et de la chose! Et à qui profiterait cette augmentation de pouvoir? Au gouvernement? Mais elle ne lui servirait le plus souvent qu'à lui créer des ennemis qu'il faudrait compter dans l'urne du scrutin. Aux citoyens? mais ce serait les livrer pieds et poings liés à l'arbitraire. Ceux qui ont des supérieurs à craindre désirent avoir des inférieurs à opprimer. Humbles à Paris, hautains en province, certains préfets ne se vengent que trop déjà de leur dépendance, en affectant une volonté sans appel. Que serait-ce le jour où ils pourraient s'affranchir du contrôle des ministres, et faire triompher leurs petites affaires, leurs petits desseins, leurs petites rancunes, à l'insu des suprêmes fonctionnaires de l'État, qui, étrangers aux passions locales et aux courtes vues de clocher, sont accoutumés à défendre les intérêts généraux, dont le premier et le plus important est la justice?

EDOUARD HOUSSAYE.

PARIS.—IMPRIMÉ CHEZ BONAVENTURE, DUCESSOIS ET Cie, 55, QUAI DES AUGUSTINS.